ज्ञान की चुस्कियां
कविता संग्रह

हर्ष

Copyright © Harsh
All Rights Reserved.

This book has been published with all efforts taken to make the material error-free after the consent of the author. However, the author and the publisher do not assume and hereby disclaim any liability to any party for any loss, damage, or disruption caused by errors or omissions, whether such errors or omissions result from negligence, accident, or any other cause.

While every effort has been made to avoid any mistake or omission, this publication is being sold on the condition and understanding that neither the author nor the publishers or printers would be liable in any manner to any person by reason of any mistake or omission in this publication or for any action taken or omitted to be taken or advice rendered or accepted on the basis of this work. For any defect in printing or binding the publishers will be liable only to replace the defective copy by another copy of this work then available.

यह कार्य उन सभी "गुरुजनो" को समर्पित है जिन्होंने अपना कीमती समय देकर बेशकीमती शिक्षा प्रदान की |

क्रम-सूची

प्रस्तावना	vii
भूमिका	ix
1. 'हर्ष'	1
2. "शिष्य की अभिलाषा"	2
3. प्रेम	3
4. "रुद्र"	4
5. "ललकार"	5
6. "जिजीविषा"	6
7. "होड़"	7
8. "कीमत"	8
9. "मैं जल हूँ"	9
10. "कुन्दन "	10
11. "दीया"	11
12. "बौद्धिक अपराधी"	12
13. "कवि का मन"	13
14. "चुनाव"	14
15. "मूल्य"	15
16. "हुंकार"	16
17. "उम्मीद"	17
18. "दक्षिणा"	18
19. कर्म'	19
20. "न्याय"	20

• v •

क्रम-सूची

21. "एहसास"	21
22. "मूर्ख"	22
23. "सन्देश"	23
24. "चोरी"	24
25. "ध्येय"	25
26. "समय"	26
27. "इजाजत"	27
28. "किंकर्तव्यविमूढ"	28
29. "सफाई"	29
30. "सरहद"	30
31. "प्रार्थना"	31
32. "जज़बात"	32
33. "मासूमियत"	33
34. "घाट"	34
35. "'मैं'"	35
36. "श्रीमति"	36
37. "लेखक"	37
38. "सीढ़ी"	38
39. "अस्तित्व"	39
40. "दलील"	40
41. "आस"	41

प्रस्तावना

हे संसार,
दिया आपने सब कुछ,
कभी तजुर्बा, कभी ज्ञान,
कभी धन, कभी मान,
इसलिए आपको, साधुवाद |

भूमिका

व्याकुल मन, प्रफ्फुलित मन या हो वह गुमसुम,
रूप अनेक, अनेक अवस्था, कभी रुष्ट कभी चंचल,
नजरिये बने बहुत, देखा-सुना बहुत, लिखे हर पल,
मन को मिली कलम, और हुई उत्पन्न से पुस्तक |

1. 'हर्ष'

आपकी घड़ी पत्रिका,
समय मेरा इश्तहार,
12:34 दिखे जब भी,
मुस्कुराइए एक बार ।

2. "शिष्य की अभिलाषा"

चाह नहीं किसी गुरुकुल के पत्रों से पहचाना जाऊँ,
चाह नहीं किसी व्यवसाय में अर्जित शिक्षा को बेचूँ, शर्मिन्दा हूँ,
चाह नहीं अपने ज्ञान पर इठलाऊँ, किसी को नीचा दिखाऊँ,
मुझे ध्येय देना गुरुवर, कि आपकी शिक्षा किसी और तक पहुँचा सकूँ ।
नोट = "पुष्प की अभिलाषा'- श्री माखनलाल चतुर्वेदी से प्रेरित ।

3. प्रेम

राधा को कृष्ण का प्रेम मिला,
रुक्मणि को जीवन भर साथ,
उन गोपियों को जगत भूल गया,
जिन्होंने भी किया था कृष्ण को स्वीकार ।

4. "रुद्र"

मनुष्य को मैने त्याग दिया,
इक श्वान को अपना मान लिया,
पर कोई भक्षक उसको मार गया,
अब रुद्र-कृष्ण जाग गया,
अब संवाद नहीं रण होगा,
प्रतिशोध मेरा प्रचण्ड होगा,
संधि का कोई प्रश्न न होगा,
सर्व-संहार तक यह खत्म न होगा ।

5. "ललकार"

यह नपुसंक समाज, होता रोज नारी का तिरस्कार,
घर में बहुओं पर अत्याचार, करता न कोई हाहाकार,
गलियों में होती छेड़छाड़, बसों में ब्लात्कार,
बाल विवाह जोरो पर, देह-शोषण बना कारोबार,
नर है तू अभिमान न कर, यह नहीं तेरा अधिकार,
नारी से उत्पन्न हुआ, बदल अपना व्यवहार,
कर्म समझ, शस्त्र उठा, है यही ललकार,
वध कर दुष्टों का, समय की यही पुकार ।

6. "जिजीविषा"

विचलित मन संसार से पृथक,
व्याकुल इतना लगे सब मिथक,
जिजीविषा की न है कुछ झलक,
पर मृत्यु भी खुद ही एक कलंक।
पर नर तुझको नत-मस्तक न होना,
पगडंडी पर चल किंतु लक्ष्य न खोना,
व्यवधान उत्पन्न होंगे अविरल बने रहना,
पर सफलता मिले तब दंभ न करना।

7. "होड़"

किस बात की दौड़,
मरघट पर पंक्ति लगी,
किस बात की होड़,
कफन में जेब नहीं।

8. "कीमत"

गुरबत बयान करती,
जमीर की कीमत,
जमाना किसे पूछे,
दिखलाए उसकी नीयत ।

9. "मैं जल हूँ"

मैं जल हूँ,
कभी मलीन, कभी निर्मल हूँ,
कभी आपदा, कभी जीवन,
कभी प्रत्यक्ष, कभी कण-कण में हूँ,
कभी गिरता, कभी उठता हूँ,
समय की तरह बहता हूँ,
मैं जल हूँ।

10. "कुन्दन"

वाणी से हटाऐ जो सब स्पन्दन,
व्यक्तित्व निखरे , महके जैसे चन्दन,
संघर्ष में होता वो कर्म उत्पन्न,
जैसे प्रचंड अग्नि से निकले कुन्दन |

11. "दीया"

आज एक दीप जलाएँ,
एक दिन के लिए धर्म भूल जाएँ,
एक दिन के लिए गम बाँट आएँ,
एक दिन के लिए किसी को हसाएँ,
एक दिन के लिए इंसान बन जाए,
एक दिन के लिए अंधेरे से हकराए,
आज एक दीया जलाएँ।

12. “बौद्धिक अपराधी”

अजीब प्रजाती रहती है,
डिग्री पद पर इठलाती है,
अपराधी को बचाने में रहती है,
कुकृत्य के कारण समझाती है,
अपने तर्क से पीडित को चुप कराती है,
पहचानना है आसान, बहुत मीठा बोलती है।

13. "कवि का मन"

कवि का मन, किसी को अर्पण,
शब्द ही धन, समाज का दर्पण,
कभी प्रेम, कभी व्यंग्य,
कभी क्रोध, कभी वैराग्य,
कवि का मन, कवि का मन ।

14. “चुनाव”

द्रौपदी को दुर्गा बनना होगा,
युद्ध का शस्त्र चुनना होगा,
इस बार कृष्ण का शब्द यही,
स्वयं का सारथी बनना होगा,
शब्द - बाण से छलनी करके,
कुतर्क की आहूती के लहू से सनना होगा,
सुदृढ़ मन से आगे बढ़ना होगा ।

15. "मूल्य"

चैन की नींद नहीं, तो घर किस बात का,
पत्नि से प्रेम नहीं, तो विवाह किस बात का,
बच्चों को डाटना पड़े, तो विवेक किस बात का,
अगर सुनना ना सीखे, तो तर्क किस बात का ।

16. "हुंकार"

तू किसलिये चुप बैठा है,
तू क्यूँ गुमसुम रहता है,
है लक्ष्य तेरे सामने पडा ,
तू क्यूँ ताने सेहता है,
कर कर्म इतना विशाल तू ,
अब भर इक हुंकार तू,
ज़ला के भस्म कर अब,
इन पापियों का अहंकार तू,
तू वो दिया नहीं जो आंधियां बुझा दें
तू है वो मशाल जो रास्ते उजला दे,
तेरा अस्तित्व हर कोई ना समझ पायेगा ,
तू वो समय है, जो बदलाव लायेगा,
तू किसलिये चुप बैठा है,
तू सबकी क्यूँ सुनता है ,
है लक्ष्य तेरे सामने पडा ,
तू लांघ जा अब परिधी |

17. "उम्मीद"

दिल में जो जजबात अधूरे हैं,
उन्हें लिख सको तो जिंदा हो तुम,
खुद के ख्वाब टूटें हैं,
किसी के पूरे कर सको तो जिंदा हो तुम,
माना ज़माने ने खूब पत्थर मारे हैं,
उनसे किसी का घर बना सको
तो जिंदा हो तुम।

18. "दक्षिणा"

आज गुरू ने अंगूठा माँग लिया,
एकलव्य का शौर्य बांध दिया,
फिर भी वो दक्षिणा दे देगा,
किन्तु अर्जुन की परीक्षा अवश्य लेगा ।

19. कर्म'

मेरे फ़ौत होने पर दफना देना,
कब्र पर गीता का श्लोक लिख देना,
शायद आगे की पीढ़ी समझ जाएं,
दफन है जो उसका धर्म 'कर्म' था ।

20. "न्याय"

द्रौपदी को अब उठना होगा,
गीता का नया अध्याय लिखना होगा,
उस 'ग्वाले' का न्याय करने के लिए,
अब उसको लेखक बनना होगा।

21. "एहसास"

बिरहा के आँसू
मिलन की आस,
कैसे समझाऊँ,
मेरे एहसास ।

22. "मूर्ख"

वो कलकी से डरे बैठे हैं,
काली को ललकार के,
वो तलवार से डरते हैं,
फरसे को धिक्कार के।

23. "सन्देश"

मृत्यु- पाश से निकल कर,
अविरल जलधारा कल-कल,
बढ़ता जा निरंतर, हर पल,
मिटा दे सब अवरोध अपने बल पर ।

24. "चोरी"

शिकारी सा आखेट करे,
बहेलिया सा बिछाए जाल,
शब्दों के आकर्षक प्रयोग से,
लेखक चुराए मन व ध्यान ।

25. "ध्येय"

दिल टूटा है,
पर मकसद छूटा नहीं,
मन रूठा है,
पर मनोबल टूटा नहीं ।

26. “समय”

राजा रावण निकला,
ग्वाला स्वय्म भगवान,
धन्य है समय जो दिखलाए,
व्यक्ति की असली पहचान ।

27. "इजाजत"

मासूम गुजारिश है,
थोड़ी गुंजाइश है,
रब की इबादत है,
अब वक्त की इजाजत है,
'इश्क परवान चढ़ेगा |

28. "किंकर्तव्यविमूढ"

अडिग रहो, विचलित नहीं,
सजग रहो, सम्मोहित नहीं,
किंकर्तव्यविमूढ की स्थिति में भी,
सत्य थामो, अधर्म नहीं ।

29. "सफाई"

प्यार का मुक्कदमा जीतना था हुज़ूर,
धुले बर्तनों की गवाही जरूरी थी,
झाड़ू-पोंछे से दोस्ती करनी पड़ी,
"सफाई" देने की तारीख करीब थी ।

30. "सरहद"

तुम कितनी दीवारें बना लो,
सैलाब को किसने रोका है,
तुम कितनी सरहदें बना लो,
इश्क तो फिर भी फैला है ।

31. "प्रार्थना"

मैं द्रौपदी बचा लूँगा, तुम यशोदा बन मुझे अपनाओं ना,
मैं उसे ही अर्जुन बना दूँगा, तुम गान्धारी की पट्टी हटाओ ना,
मैं सीता का अपहरण रोक लूंगा, तुम कैकयी को समझाओ ना,
मैं अपना शीश कटा लूँगा, तुम इंदिरा - सुषमा बन जाओ ना।

32. “जज़बात”

अकसर इक अलफाज रह जाता है ,
दिल के जज़बात मुकर जाता है,
इश्क के लफ्ज़ है बहुत कम ‘हर्ष’,
उन्हें ढूंढने में अकसर वक्त गुज़र जाता हैं ।

33. “मासूमियत”

‘हाजमोला’ से चटकारे,
‘सेंटर फ्रेश’ के क्रिकेट काड्र्स,
इमली की खटाई,
नहीं अब वो मासूम जज़बात ।

34. "घाट"

माना बनारस गए थे,
पर तुम भी तो साथ,
घाट में जो दिए थे,
झलके मेरी आँखों में तुम्हारे साथ थे ।

35. "'मैं'"

लिखता हूँ,
सुनता हूँ,
सोचता हूँ,
पुनः दोहराता हूँ,
इसलिए 'मैं' नहीं हूँ ।

36. "श्रीमति"

इति श्री,
श्रीमति,
जहाँ आपकी खत्म,
वहाँ उनकी सोच नई ।

37. "लेखक"

आप कौन हैं ?
क्या किया है ?
कहाँ लिखा है?
जहाँ लिखा है,
किसने लिखा है ?

38. "सीढ़ी"

एक नई पीढ़ी बनाए,
पानी बोतल में बिक रहा, इक प्याऊ लगाएँ,
हवा जहरीली हो रही, इक पौधा लगाएँ,
आसमान में पंछी नहीं, इक पतंग उड़ाएँ,
धरती के लाल की कीमत नहीं, इक प्याज उगाएँ,
अग्नि देने को जिसकी औलाद नहीं,इक प्रण उठाएँ,
अगली पीढ़ी के लिए अच्छी सीढ़ी बनाएँ ।

39. "अस्तित्व"

आपके जीवन से मुस्कान आए,
आपकी मौत से रूआँसे होए,
अगर ऐसा करने में सफल रहे,
तो आपका अस्तित्व का कुछ मतलब था ।

40. "दलील"

मन की पीड़ सुने कौन,
हमारे लिए दलील करे कौन,
हम भी कीमत चुका देंगे,
हमें 'न्याय' बेचे कौन ?

41. "आस"

क्षण- भंगुर जीवन यह,
कण - कण में ईश्वर है,
लेखक की प्रार्थना यह,
ईश्वर से मिलन आस है ।

www.ingramcontent.com/pod-product-compliance
Lightning Source LLC
LaVergne TN
LVHW041222080526
838199LV00082B/1994